NOTICE BIOGRAPHIQUE

SUR LE DOCTEUR

DESRUELLES

ANCIEN CHIRURGIEN PRINCIPAL D'ARMÉE,
PROFESSEUR AU VAL-DE-GRACE,

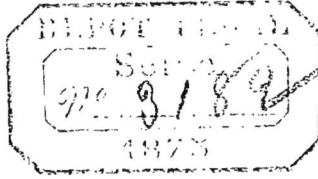

NOTICE BIOGRAPHIQUE

SUR LE DOCTEUR

DESRUELLES

ANCIEN CHIRURGIEN PRINCIPAL D'ARMÉE,
PROFESSEUR AU VAL-DE-GRACE.

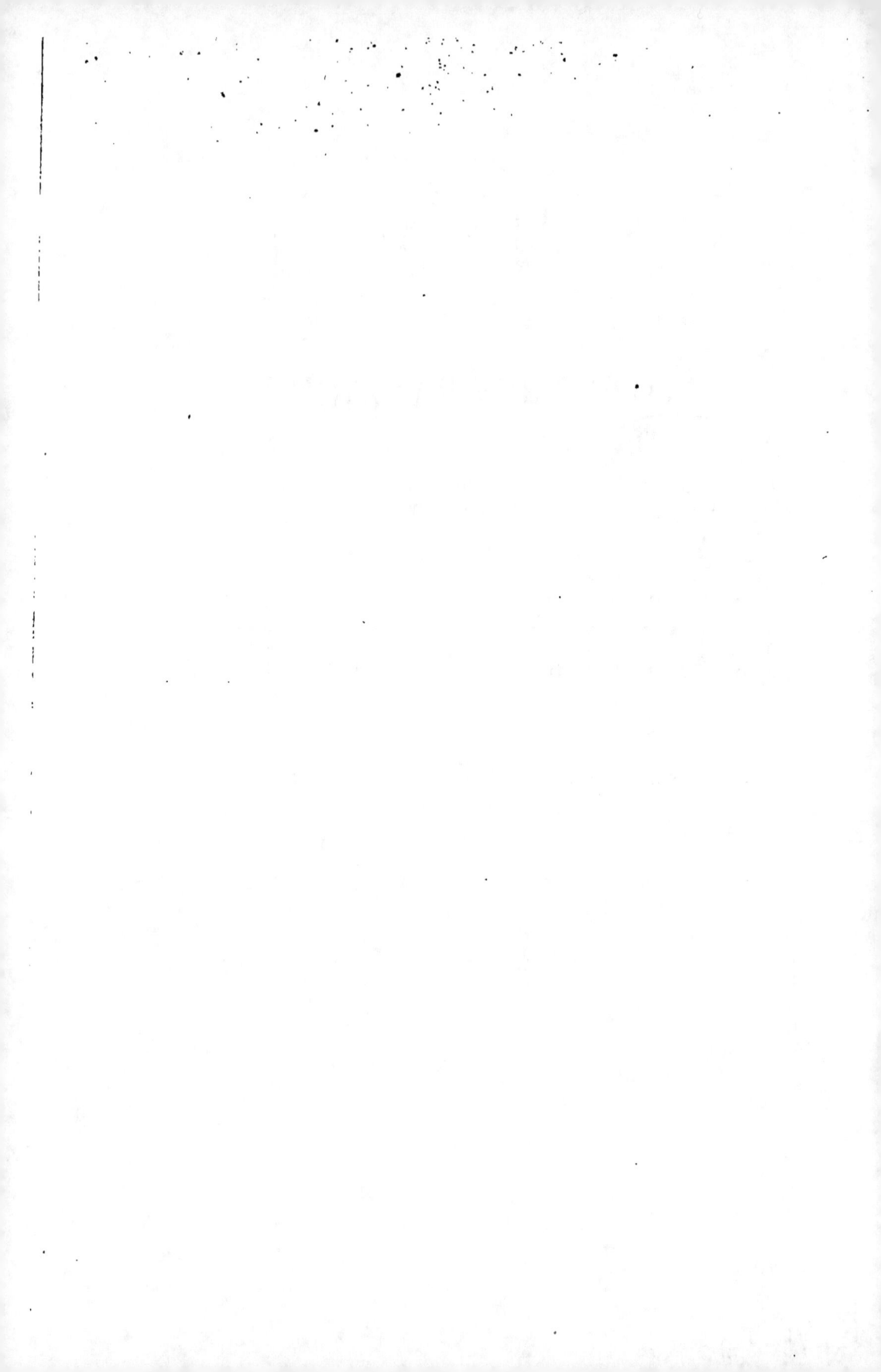

NOTICE BIOGRAPHIQUE

DESRUELLES

Homme de sentiments délicats et élevés, esprit cultivé autant qu'enjoué, écrivain facile, élégant ; professeur consciencieux, brillant, praticien dévoué, convaincu ; tel est le portrait de celui dont nous allons esquisser la vie et apprécier les travaux.

DÉSRUELLES (Henri-Marie-Joseph) est né à Lille le 30 mars 1791. Dirigé dans sa tendre enfance par une mère riche de cœur, plus intelligente qu'instruite, il garda toute sa vie un culte touchant à sa mémoire. La position modeste de ses parents, les difficultés des temps ne permirent de lui donner qu'une instruction incomplète et lui firent prématurément sentir l'obligation de conquérir de bonne heure une position indépendante. Ses goûts décidés pour la médecine l'engagèrent dans la chirurgie militaire. Le 3 septembre 1809, il était commissionné chirurgien surnuméraire à l'hôpital militaire de Lille, où il fit ses premières études médicales sous la direction des chirurgiens Védy et Cavalier.

Les événements politiques et militaires marchaient alors à grands pas en Allemagne, en Russie, en Espagne, sous la prodigieuse activité qui conduisait la France : aussi notre jeune et frêle officier de santé, à peine âgé de 19 ans, était attaché comme sous-aide aux hôpitaux de Munster dès le 27 décembre 1811, et dès le mois de septembre 1812 à la grande armée : il supportait à 22 ans les mille péripéties de la vie du chirurgien militaire en campagne et les dures épreuves de la retraite de Russie. De ces jours datent ses premiers rapports avec le baron Larrey, son bienfaiteur, sous la direction duquel il apprend les opérations, les pansements que réclament les blessures de guerre ; de ces jours datent ces premières relations devenues plus tard d'étroites amitiés avec des camarades méritants, tels que Bégin, Boisseau, Zinck, Rapatel, Jourdan, Meunier, Samson et tant d'autres souvent émules par leur savoir, tous ralliés plus tard sous le drapeau de la médecine physiologique.

Le 20 mars 1813, Desruelles faisait au milieu d'eux, en qualité d'aide-major, la mémorable campagne de France : c'est dans cette campagne de 1813, qu'il a suivi avec une sorte d'orgueil (il le dit lui-même) le baron Larrey, à Dresde, dans les péripéties d'un drame dont l'action et le dénouement lui ont valu immédiatement de l'Empereur, et plus tard de la Chambre des députés, une récompense nationale : le 10 janvier 1814, il passait aux ambulances et à l'hôpital militaire de la garde impériale.

Si les fatigues des camps, si la rigueur des frimas avaient trempé cette constitution physique, si délicate au départ, les leçons du maître, l'étude des blessures de guerre sur le champ de bataille, avaient donné à cet esprit observateur des connaissances pratiques variées, qu'il a su utiliser dans la thèse qu'il soutint, à la Faculté de Paris, le 14 janvier 1814, sur la nécrose à la suite des amputations immédiates dans les plaies par armes à feu. Il signale l'avantage d'opérer comme le recommandait Larrey, dans la portion supérieure du membre, dans le but de ne pas s'exposer à rencontrer des fentes, des éclats et à ne pas voir la cicatrisation entravée par l'exfoliation des tendons, comme cela a lieu lorsqu'on ampute dans la partie inférieure du membre ; on évite ainsi ces séquestres interminables, ces hémorrhagies consécutives, ces moignons irréguliers, saillants, coniques, et cette saillie des os due à la rétraction musculaire.

A peine reçu, notre jeune docteur se voit réformé sans traitement le 1ᵉʳ septembre 1814 ; mais, grâce à l'intervention puissante de Larrey, il est de nouveau nommé sous-aide au Val-de-Grâce. Les événements de 1815 lui rendent son rang d'aide-major aux ambulances de la garde impériale ; mais après la journée de Waterloo, il est de nouveau en non-activité le 16 août 1815.

Il profite de ces jours d'angoisse et d'incertitude pour tous pour revoir Lille, sa ville natale, à défaut de ses parents qu'il ne retrouva plus ; embrasser son frère, parti jeune comme lui, en qualité d'officier de santé en Espagne, et se marier.

De retour à Paris, une troisième fois, il est redevenu sous-aide au Val-de-Grâce (26 septembre 1815), passe à l'hôpital de la Garde-Royale, le 18 avril 1818, et récupère le 7 mars 1825, son titre d'aide-major au Val-de-Grâce, qu'il ne doit plus quitter jusqu'à sa retraite et où il va lentement, à force de travail, conquérir ses grades et sa réputation.

Sa vie dès lors ne sera plus qu'une suite non interrompue de travaux. Desruelles marié, père déjà, n'a qu'un traitement modeste : il est sans fortune, il vit de privations, mais il est actif, intelligent, ardent à l'étude, rangé, modeste dans ses goûts.

Il ne s'effraie pas si les temps sont difficiles, il comprend la nécessité de refaire des études incomplètes, il suit des cours, les leçons de Broussais le jour ; la nuit, il travaille pour lui ; il ne quitte plus les amphithéâtres, mais un refroidissement l'a saisi : une fluxion de poitrine se déclare ; sa vie est en danger. Son maître, Broussais, dont il a su gagner l'estime par son assuidité, accourt et lui rend en peu de jours la santé.

Touché de cette preuve d'affection, Desruelles n'ou-

bliera jamais la main habile qui l'a sauvé ! La recon-
naissance double l'estime, l'admiration de l'élève pour
le maître et sa doctrine : il était déjà un des fervents
adeptes du professeur hardi, brillant, qui illustrait
l'école du Val-de-Grâce ; il devint par la suite un
des défenseurs les plus ardents de cette doctrine
physiologique qui a exercé une si grande influence
sur les hommes de cette époque en général et en
particulier sur les idées médicales du médecin dont
nous écrivons l'histoire.

Si les élèves du maître ont été fanatisés par
cette parole qui a vibré toute leur vie à leurs
oreilles, du moins reconnaissons-le, ils avaient la
foi en leur art, ils croyaient à leur science : ils ne
sacrifiaient ni à l'intrigue, ni au bruit, ni à la réputation précoce et facile ; ils ont été, beaucoup du
moins, des hommes de mérite, d'honneur, pleins de
respect et d'amour pour leur belle profession !

C'est animé de ce souffle inspirant que Desruelles se
met résolument à l'œuvre comme Gama, Bégin, Hip.
Larrey, Scrive, Baudens, Cuvellier, Mounier, Caze-
neuve, Legouest, Laveran et tant d'autres dans la chirurgie militaire qu'ils ont illustrée, maîtres auprès
desquels nous avons retrouvé des marques de sympa-
thie dictées par l'estime paternelle. — De ce jour
commence la série de travaux, d'actes considérables
qui a si noblement rempli sa vie et sa carrière de
médecin.

C'est d'abord une série de mémoires :

Une notice sur la névralgie traumatique qui se

produit avant ou après la cicatrisation des plaies d'armes à feu qui ont intéressé profondément les membres et qui se trouvent situés sur le trajet d'un nerf principal ;

Puis un mémoire sur l'entéro-mésentérite des enfants (le carreau) ;

Un autre sur les perforations spontanées de l'estomac ;

Une observation pour servir à l'histoire de l'apoplexie. Puis ses traités du croup et de la coqueluche.

Dans son traité théorique et pratique du croup (1822-24), il développe des considérations générales sur l'organisation des enfants, donne les caractères des tempéraments sanguins, lymphatiques, nerveux qui leur sont ordinaires, indique le régime qui leur convient, passe en revue leurs maladies et les traitements à leur opposer.

L'auteur appelle croup une inflammation de la membrane muqueuse du larynx, avec ou sans production de fausses membranes, qui détermine l'oblitération plus ou moins complète de la glotte et tous les accidents qui en dépendent. Il reconnaît le croup en inflammatoire sec, sans fausse membrane, et en croup inflammatoire humide avec fausse membrane.

La fausse membrane n'est pas essentielle au croup. Celui-ci, de nature fondamentalement inflammatoire, peut dépendre du gonflement avec épaississement de la membrane muqueuse du conduit aérien. Les causes, les signes du croup, les résultats des autopsies, les avantages que l'on retire dans le traitement des antiphlogistiques, prouvent la maladie éminemment inflammatoire (p. 162) chez les sujets sanguins. Chez les enfants disposés à la sécrétion muqueuse, l'oblitération est produite par un fausse membrane, dont la consistance dépend du degré de la phlegmasie et non d'un mode de sécrétion particulier.

La doctrine physiologique qui inspire les idées théoriques de ce mémoire est en désaccord sans doute avec la science d'aujourd'hui : celle-ci, en effet, tout en reconnaissant un caractère aigu à cette maladie, sépare nettement les laryngites simple et striduleuse de ces affections pseudo-membraneuses du larynx (ou diphthérie) qu'elle appelle croup. L'absence de concrétions plastiques différencie les affections. Les idées de M. Desruelles ne s'éloignent pas pourtant absolument de cette manière de voir ; il fait la part très-grande aux laryngites inflammatoires, mais la thérapeutique moderne de cette maladie trace une démarcation tellement accusée, que de 1824 à 1874 on se croirait à un siècle de distance : car si le traitement médical, de nos jours conclut à la contre-indication des émissions sanguines et est réduit le plus souvent à des moyens palliatifs, le traitement chirurgical, dans des mains exercées, a trouvé dans la trachéotomie avec ses indications précises, opportunes, une arme efficace pour disputer à la mort un nombre relativement considérable de victimes.

Comment le traitement antiphlogistique a-t-il eu autrefois les succès qu'il revendique, qu'il s'attribue ?

Le dernier mot n'est pas dit sur cette question trop souvent le désespoir du médecin, et sera-t-il jamais dit en médecine où les formes nosologiques impriment si souvent, selon les constitutions médicales, les saisons, une empreinte si variable aux maladies et au mode de traitement à leur opposer.

En 1827 paraissait le mémoire sur la coqueluche. Ce mémoire, couronné par la Société médicale d'émulation de Paris, dont il a été un des membres les plus zélés, se recommande par un tableau fidèlement tracé de la maladie (p. 10) et par des recherches savantes sur l'histoire, le siége et la nature de cette affection.

On ne peut voir, dit avec raison l'auteur, une simple bronchite dans cette maladie : sa marche lente, ses complications si multiples, si fréquentes et certains signes le prouvent surabondamment. Pour lui, c'est une bronchite compliquée d'irritation encéphalique, la première primitive, la seconde consécutive. Cette irritation encéphalique donne à la toux de la bronchite le caractère convulsif qui constitue la coqueluche : les nerfs ne seraient que les conducteurs de l'irritation encéphalique, et les phénomènes nerveux ne seraient pas essentiels et ne dépendraient pas exclusivement de l'irritation des nerfs pneumogastriques. Pour lui, pas d'inflammation spéciale.

Ces questions restent à peu près posées de nos jours dans les mêmes termes. Le *Nouveau dictionnaire de médecine et de chirurgie pratiques* (1873) ne

conclut-il pas en ces termes à l'article *Coqueluche* :
Est-ce une névrose? est-ce un catarrhe? est-ce un
catarrhe avec névrose? est-ce enfin une maladie
sans analogue?

Si M. Desruelles a trop sacrifié l'élément nerveux à
l'*irritation*, n'a-t-il pas reconnu dans la coqueluche,
comme aujourd'hui, une affection épidémique qui
participe des fièvres éruptives, par ses périodes d'in-
cubation, de prodromes, d'augment et de déclin?

Des névroses, par son caractère intermittent, son
défaut d'altérations anatomiques, l'absence de fièvre?

Des affections catarrhales des bronches, par sa
sécrétion morbide de la muqueuse bronchique?

Ce traité, en tenant compte de l'époque où il a été
publié (1827), est resté une des œuvres de l'écrivain les plus savantes par ses recherches anatomiques, les plus valables par le raisonnement (1).

Ce n'est pas seulement par ces écrits que Desruelles
conquérait une place honorable parmi ses condis-
ciples travailleurs comme lui, il prenait aussi rang,
comme nous l'avons dit, par ses actes, parmi les praticiens dans la carrière militaire et civile.

---

(1) Le 29 mars 1829, M. Desruelles lisait à la Société médicale
d'émulation l'observation très-curieuse d'une tumeur de la région
sacrée observée sur un enfant à terme né vivant, tumeur consi-
dérée comme un exemple de spina bifida. La partie inférieure du
canal vertébral étant restée ouverte, la portion de la moelle cor-
respondante est déviée, a contracté des adhérences, et dans ce
point la sérosité qui remplit le canal rachidien dans les premiers
mois de la vie fœtale a continué à être exhalée, et par son accu-
mulation a donné lieu à la tumeur. (*V.* Iconogr. pathologique,
avec planches.)

Le choléra avait fait sa première apparition à Paris en 1832 (1). Les hôpitaux militaires, comme les hôpitaux civils, comptaient chaque jour de nombreuses victimes ; une succursale du Val-de-Grâce venait d'être créée rue Blanche : Desruelles en avait reçu la direction. Atterré par l'inanité des ressources thérapeutiques opposées au fléau, il imagina à l'hôpital de la rue Blanche un mode de traitement qui compta, en peu de temps, de réels succès. Tout heureux des résultats, son activité ne connut plus de bornes ; il en était venu à calculer les heures qu'il donnait au sommeil, il allait à l'hôpital quatre ou cinq fois par jour, communiquait aux sous-aides de service l'enthousiasme de ses convictions ; il stimulait de sa bourse le zèle des infirmiers.

L'autorité s'émut de ces tentatives heureuses, on vint voir : des encouragements, des félicitations lui furent prodigués : on demanda les rapports journaliers, on provoqua une enquête. Ces succès obtenus par des moyens de traitement (Desruelles faisait vomir à outrance les malades, réveillait ainsi la réaction avec l'eau tiède ingurgitée en abondance et saignait quand cette réaction qu'on attendait et qu'on veillait était prononcée) peu en rapport avec la doctrine physiologique et sans sa participation, éveillèrent des susceptibilités. L'esprit de l'homme chef d'école, quelque supérieur soit-il, est toujours ombrageux. Ordre fut donné de cesser. Les essais furent con-

(1) Dans une brochure sur cette maladie, Desruelles vantait les bienfaits des opiacés d'après la méthode anglaise dans l'Inde.

damnés à l'oubli et demeurèrent ensevelis dans les cartons discrets du ministère de la guerre.

En 1834, Desruelles recevait du ministre une mission qui lui valut ses félicitations pour la manière dont il s'en acquitta. Une épidémie meurtrière de fièvre typhoïde s'était déclarée dans une caserne de cavalerie à Beauvais. Desruelles fut chargé d'aller inspecter les lieux et chercher les causes du mal. Il reconnut promptement par une inspection minutieuse de la caserne que l'épidémie devait être attribuée à des causes d'insalubrité, à des ordures accumulées dans les cours, à la mauvaise tenue des chambrées : les mesures prises pour y remédier, en amoindrissant le mal, confirmèrent les prévisions du médecin.

En 1833, Desruelles, aide-major démonstrateur, était nommé professeur d'anatomie au Val-de-Grâce. Il conserva des années cet enseignement auquel il s'était voué d'une manière toute particulière et que n'ont pas oublié aujourd'hui encore plusieurs de ses élèves.

Après avoir consacré les premières années de sa pratique médicale à l'étude des maladies des enfants, objet de ses prédilections, Desruelles, par suite des événements de 1830 qui avaient dispersé les éléments de sa clientèle, allait prendre une direction nouvelle :

Chargé en 1820 du service des vénériens à l'hôpital militaire du Gros-Caillou et en 1825 au Val-de-Grâce, c'est à l'étude spéciale des maladies véné-

riennes qu'il va désormais consacrer sa vie. Il avait
vu de 1820 à 1825, dans les hôpitaux militaires, les
accidents d'un traitement mercuriel abusif et il
avait conçu, par suite, le projet de réformer la thérapeutique de ces maladies.

La médecine physiologique, alors dans tout son
éclat, dans toute sa faveur, n'admettait aucune maladie spéciale : ne reconnaissant que l'irritation,
comme principe ; elle avait réveillé en France les
idées de Péyrille de 1774, de Fergusson, du
Dr Roze, de Guthrie et conseillait de traiter les maladies vénériennes sans mercure et par les antiphlogistiques.

Après avoir passé en revue les diverses doctrines
médicales sur la syphilis, après avoir été même un
moment partisan du mercure, Desruelles publiait, en
1827, un mémoire sur le traitement des maladies vénériennes sans mercure. Disons de suite que sur le
nouveau terrain où nous ne pouvons suivre le néo-
phyte dans tous les développements qu'il a parcourus,
nous devons le considérer sous deux points de vue :
sous le point de vue doctrinaire, systématique, il
il est resté obstinément fidèle aux principes de la
médecine physiologique ; au point de vue du praticien, du clinicien, bon et judicieux observateur,
il a conquis, avec juste raison, un rang distingué et
incontesté parmi les syphiliographes. A l'appui des
idées exclusives de sa brochure de 1827, Desruelles
publiait dans le 25e volume du recueil des mémoires
de médecine, de chirurgie et de pharmacie militaires,

des articles nombreux sur les résultats comparatifs obtenus par les divers modes de traitement mercuriel et sans mercure, employés au Val-de-Grâce depuis le 16 avril 1825, jusqu'au 31 juillet 1827, 1828 et 1830, contre les maladies vénériennes. De ces mémoires, de ces observations résumées dans des tableaux statistiques nombreux il a cru pouvoir conclure :

1º Que le traitement sans mercure et le régime végétal ont été plus favorables à la guérison que le traitement mercuriel et le régime stimulant ;

2º Que le régime végétal a toujours été plus avantageux que le régime animal, soit avec, soit sans traitement mercuriel.

Et par traitement simple, régime végétal, Desruelles entendait les boissons délayantes, la diète sévère, les soins de propreté, les sangsues, les purgatifs.

Le mémoire de 1827 conclut que la méthode simple, rationnelle, antiphlogistique doit être adoptée comme méthode générale ; la méthode mercurielle ne sera plus qu'une méthode exceptionnelle.

L'auteur va jusqu'à dire, lui qui avait cherché à découvrir les cas où il convenait de l'employer, que le mercure est inutile et peut retarder la guérison. Nous ne suivrons qu'avec hésitation les idées absolues de la nouvelle école emportée par l'ascendant du réformateur qui savait si bien convaincre et charmer. Mais nous devons à l'histoire de la science l'exposé des opinions qui ont eu cours à ces époques où Jourdan, Devergie aîné, Dubled, Richond de Brus ont soutenu cette opinion avec talent dans des

mémoires publiés de 1825 à 1830. *(Voir Dictionnaire des sciences médicales, Archives de médecine.)*

La nouvelle école rejette l'existence non prouvée
du virus, et par suite l'hérédité de ces maladies. Il
n'existe pas de maladie vénérienne, mais des maladies vénériennes : celles-ci ont un cachet qui leur est
propre, mais leur nature est la même pour toutes,
elles sont produites par l'irritation et se réduisent à
quatre formes : érythémateuse, ulcéreuse, phlegmo-
neuse, végétative. L'irritation qui les produit n'a
rien de spécial ; elles sont contagieuses, avec une
prédisposition organique ordinaire. Le traitement se
réduit à deux indications : modifier l'organisme et
les parties malades, d'où traitement général et
local. Le traitement révulsif est réservé pour les cas
exceptionnels, le mercure compte parmi les révul-
sifs. Tels sont les principes généralisés dans le traité
pratique des maladies vénériennes, en 1836,
où déjà cependant l'auteur est moins exclusif que
dans la brochure de 1827, puisqu'il reconnaît que,
quand l'éréthisme n'est pas général, « les affections
très-douloureuses ont cédé, comme par enchante-
ment, au traitement mercuriel. » Nous insistons sur
ce point, car beaucoup de médecins qui n'ont lu
qu'incomplètement ou qui n'ont pas lu, en sont res-
tés à la brochure de 1827 et prêtent encore aujour-
d'hui au syphiliographe dont nous parlons, l'erreur
grossière de n'avoir jamais employé le mercure dans
le traitement de ces maladies. Nous nous sommes vu
forcé de désabuser, il y a quelques années, un de ses

confrères de mérite qui lui prêtait cette opinion dans
la *Tribune médicale* (1869). Il y a loin du point de
départ de la nouvelle doctrine exposée avec une partiale exagération dans la brochure de 1827, aux opinions émises par l'expérience plus mûre et plus mo-
dérée des lettres écrites du Val-de-Grâce en 1840-41
et du traité de la blennorrhagie et de la blennorrhée
de 1854, ouvrages qui résument d'une manière remarquable toutes les connaissances qu'un praticien
expérimenté, qu'un observateur clinicien concien-
cieux a pu réunir sur ce sujet. La preuve de ce que
nous avançons ne la trouvons-nous pas dans ces
douze lettres où l'auteur répète, avec des modifications accusées et dans un langage convaincu, les
opinions du traité de 1836?

Dans quels cas nous dit-il, les mercuriaux de-
vront-ils être employés pour guérir les maladies vénériennes primitives?

« Le mercure doit être éloigné de ces maladies à
« forme inflammatoire très-intense (maladies non
« syphilitiques souvent).

« L'exclusion absolue du médicament et son usage
« constant sont également éloignés de la vérité ; on
« ne doit pas dire : ni jamais ni toujours du mer-
« cure. Quoi de plus vrai, de plus rationnel ? (2ᵉ let-
« tre, conclusion).

« L'oubli de cette contre-indication amène des
« accidents, des maladies graves du système fibreux
« et osseux, accidents qui ont été pour quelques
« hommes exclusifs, dit l'auteur, le motif de ban-

2

« nir le mercure de la thérapeutique des maladies
« vénériennes, opinion exagérée et condamnable,
« car elle privait d'un moyen qui peut avoir d'uti-
« les applications : c'était l'abus qu'il fallait préve-
« nir, c'était le mauvais emploi ou l'inopportunité
« qu'il fallait blâmer, non le moyén thérapeuti-
« que. » (*V.* 2ᵉ lettre, p. 50-51.)

Combien ces sages prescriptions sont loin du langage de 1827, proclamant que le mercure est nuisible parce qu'il retarde la guérison, et qu'on a
infructueusement cherché ses avantages sur un
grand nombre de malades! (Mémoire de 1827, p. 169.)

Sans nul doute, les opinions reçues aujourd'hui
en syphiliographie sont peu conciliables, avec les
idées qui avaient cours en 1825-27. Sans nul doute,
nier formellement l'existence du virus, contester
l'utilité de l'inoculation, considérer tous les accidents
primitifs et consécutifs comme des résultats de
l'irritation ; ne voir dans les maladies vénériennes
rien de spécial et par suite rejeter toute idée de
modification spécifique ; voir dans le mercure l'origine de tous les accidents désormais confus de la
maladie et du médicament ; c'est de la science exclu-
sive systématique, entachée de l'illusion des admi-
rateurs, des propagateurs ardents de la médecine
physiologique ; mais pour la justification relative des
esprits prévenus de bonne foi, ce langage alors
était l'expression de la crainte, jusqu'à un certain
point légitime, des désordres produits par l'abus et
la mauvaise administration des mercuriaux à l'in-

térieur et à l'extérieur. Notre génération médicale n'a pas vu ces accidents qu'une dispense mesurée, sage, opportune du terrible et bienfaisant médicament, ne connaît, ne soupçonne plus aujourd'hui ! Mais en 1815, en 1820, les hôpitaux militaires regorgeaient de malades indigestant le mercure, succombant parfois aux accidents du médicament autant et plus même qu'aux maladies qu'il avait mission de guérir ! « Les hôpitaux étaient des lieux « d'infection, de misères, de dégoût ; dans des salles « où les lits et les murs étaient noircis par les fric- « tions et les émanations mercurielles, des malheu- « reux, les uns la bouche enflée, la langue presque « entièrement sortie, distillaient une salive vis- « queuse qui coulait sans relâche, nuit et jour, etc. » (V. *Traité pratique*, 1836, p. 356-357.)

Les réactions sont partout et toujours exagérées. De cet abus du mercure, de ces guérisons obtenues par son sage abandon momentané on a conclu facilement, avec les tendances médicales de l'époque, à son danger, à son inutilité, dépassant en cela la mesure et la pensée même du réformateur : n'avonsnous pas vu, plus tard, la bonne foi d'un syphiliographe éminent d'une toute autre école, venir confesser publiquement, devant la science, l'exagération d'un principe trop absolu posé par lui (1) ? Quelle plus puissante démonstration du faux dans les sys-

(1) Ricord, à la Société de chirurgie, vient déclarer que le chancre peut être infectant sans être induré, après avoir fait de l'induration le critérium de l'infection.

tèmes, que cette double manifestation à 20 ou 30 ans de distance ! La médecine, en tant que science, n'a rien à gagner à des doctrines absolues, à des systèmes, quelque ingénieux qu'ils soient. La vérité n'est que dans une observation froide, constante, éclairée de l'esprit du médecin pratique et philosophe.

C'est cet esprit que nous retrouvons dans les derniers ouvrages de M. Desruelles, les lettres écrites du Val-de-Grâce et le traité de la blennorrhée.

Le premier ouvrage se recommande et par la verve et le ton de conviction avec lequel il a été écrit ; mais aussi par la clarté, le serré du raisonnement et des déductions. La lecture en est aimable, facile, presque attrayante, et le Dr Gaubert qui en a tracé une courte analyse, a pu dire avec raison que ces « lettres étaient le meilleur ouvrage sorti de la plume du Dr Desruelles. »

« Exposition claire, simple des faits ; appréciation « juste de leur valeur particulière, rapprochements « ingénieux. Il est des pages qui pourraient être « avouées par des littérateurs les plus distingués de « notre époque. »

La partie la plus intéressante et en même temps la plus neuve des lettres écrites du Val-de-Grâce nous a semblé être celle qui a trait au virus et à l'inoculation.

La plupart des idées de doctrine énoncées précédemment dans le *Traité des maladies vénériennes*, de 1836, s'y retrouvent encore. C'est une foi, une croyance que Desruelles, établit sur des considéra-

tions anatomiques ; mais ici l'auteur ne rejette plus
d'emblée le virus et l'inoculation qu'il soutient cependant être inutiles, et pour le diagnostic et pour le
traitement. Il discute avec un raisonnement serré
et une parfaite convenance les opinions opposées.

Il ne peut admettre avec les partisans de l'inoculation que dans le premier et le dernier temps d'un
ulcère, le pus ne renferme pas de virus vénérien ;
par suite qu'il n'est pas inoculable. Pour le dernier
temps il ne refuse pas de l'admettre, parce que l'ulcère est modifié et marche vers sa cicatrisation ;
mais pour le premier il ne le peut, car l'ulcère qui
commence doit renfermer dans sa sécrétion le principe qui lui a donné naissance.

Pour M. Desruelles, c'est la forme qu'on inocule et
non un prétendu virus (*V.* 3ᵉ lettre, p. 100-110) ;
mais, pour que cette inoculation ait lieu, *il faut* que
cette *forme ait acquis son développement* et que *l'irritation* ait donné à la sécrétion la propriété de trans-
mettre la forme ulcéreuse. Le pus des pustules mu-
queuses, dit l'auteur, de l'adénite, ne s'inocule que
quand l'une et l'autre sont *ulcérées !* Cette condition
manquant dans les ulcères consécutifs, l'inoculation
du pus de ces lésions n'a pas lieu. C'est ce qu'on ob-
serve pour le vaccin, le charbon. la pustule maligne,
leur faculté de transmission ne se manifeste qu'à
une certaine époque.

Ce n'est pas seulement, du reste, pour la syphilis,
ajoute l'auteur, que l'on a observé l'influence fâ-
cheuse de l'ulcération ; on en étudie aussi les funes-

tes effets dans plusieurs autres affections : ainsi la diathèse, la cachexie cancéreuse ne s'établit que lorsque l'ulcération s'empare d'une partie qui, jusque-là restée à l'état de squirrhe, n'est encore que locale (p. 117).

Les scrofules sont dans le même cas ainsi que les engorgements du col de la matrice, des glandes de Peyer dans la fièvre typhoïde.

La forme ulcéreuse n'est pas le produit d'un virus, mais l'état le plus profond de l'altération morbide de de nos tissus, le terme de leur désorganisation.

Toutefois, quand le Dᵣ Gaubert portait ce jugement, le dernier ouvrage, l'histoire de la blennorrhée uréthrale ou traité comparatif de la blennorrhagie et de la blennorrhée (1854), n'avait pas encore paru. C'est à notre avis le testament pratique de l'auteur. Aucune expression, aucune analyse ne saurait donner une idée des nuances minutieuses, des richesses de détails, d'observation pratique dont ce livre est l'expression. Il faut lire les mille aperçus sur les variétés de la douleur, sur les caractères protéiformes de l'écoulement dans sa quantité et sa qualité, pour en avoir une idée vraie.

Ce livre est le résumé d'une vie pratique tout entière de 1822 à 1842. C'est l'écho le plus fidèle, comme le dit heureusement l'auteur, de son éducation médicale. La blennorrhagie et la blennorrhée, désormais rentrées dans le cadre nosologique général, ont trouvé leur historien, leur panégyriste. Nous ne pouvons que renvoyer à la lecture instructive de ces pages, craignant déjà de trop dire et de nous laisser entraîner par une trop partiale estime (1)!

Un des premiers, du reste, M. Desruelles avait étudié d'une manière toute pratique les variétés et les complications de la blennorrhagie dans son traité de 1836.

Lui seul avait parlé, comme complication de la phlébite de la veine dorsale, du pénis ou des capillaires de la peau de celui-ci, avec irritation œdémateuse totale ou partielle (*V.* traité précité, p. 510-513).

Le premier, il avait signalé l'adhérence du prépuce et du gland qui accompagne la balano-posthite, et qui amène des brides plus ou moins épaisses à sa suite.

Il avait parlé de la gangrène sur le prépuce ou les autres parties, qui survient par excès d'inflammation, s'accompagne de phlyctènes avec douleur vive et eschares blanchâtres.

C'est à lui que la science est redevable, dans sa spécialité, de quelques appellations heureuses et qui y sont admises ; indiquant en général anatomiquement les parties lésées ou la nature de leur lésion, comme la posthite (inflammation du prépuce), la balano-posthite, la balanurite (affection qui succède à l'uréthrite chronique).

C'est lui encore qui a substitué le mot *végétations* (comme le signale très-justement M. le Dr Aimé Martin dans son étude de 1873 sur ce sujet, aux

(1) Voir lettres écrites du Val-de-Grâce, chez MM. J.-B. Baillière, rue de l'École-de-Médecine, 1840-41.

expressions grossières d'excroissances, de crêtes de coq, poireaux, choux-fleurs.

C'est lui enfin qui, parmi les praticiens spécialistes, a contribué à l'introduction de l'iodure de potassium dans la thérapeutique de la syphilis.

Si, au point de vue doctrinaire, Desruelles a laissé bien des desiderata et n'a pas toujours évité l'erreur, faut-il méconnaître, au point de vue pratique, les services rendus?

Le médecin physiologiste a eu sa bonne influence dans la thérapeutique des maladies:

1° En faisant comprendre que les maladies des organes génitaux ne sont pas toujours, par leur siége, des maladies vénériennes et que ces dernières même peuvent, pour une part, rentrer dans la pathologie générale, par la raison que, comme toutes les maladies, elles présentent une période aiguë et comportent des indications dans les moyens de traitement, selon les formes de la maladie, l'idiosyncrasie du malade, etc.;

2° Que donner le mercure inopportunément et à haute dose, dans cette période ou dans certaines conditions, pouvait exposer à des mécomptes et à des accidents nouveaux.

« Nous avons voulu, dit l'auteur des lettres, « exclure l'abus qu'on en faisait et enseigner l'u- « sage raisonné qu'on doit en faire : l'action des « médicaments ne saurait être efficace qu'en modi- « fiant l'organisme sous la puissante influence du « régime et de l'hygiène. » (*V.* 3e lettre, p. 88).

N'est-ce pas là de la médecine rationnelle?

C'est à l'école du baron Larrey, que dès 1814 Desruelles avait appris à employer le mercure avec réserve et méthode.

C'est d'après les encouragements de M. Gama, qui l'avait mis en possession du service des vénériens au Val-de-Grâce, qu'il a continué ses essais, ses recherches, mû seulement par l'amour de l'étude et le désir d'être utile à la science. Puis l'observation, l'expérimentation d'une pratique de dix-huit à vingt ans lui ont révélé les cas qui nécessitent l'usage du mercure et ceux dans lesquels l'emploi de ce modificateur est inutile ou nuisible.

C'est là le grand résultat obtenu par le professeur du Val de Grâce, c'est de refuser au mercure une absolue spécificité en tout temps et d'avoir tracé ses indications, sans rejeter toutefois aucun mode de traitement.

« Loin de blâmer ceux qui nous ont précédés « et ceux qui marchent dans notre temps, les « premiers parce qu'ils n'ont pas aperçu ce que « nous avons vu, et les derniers parce qu'ils appor- « tent des modifications à nos travaux, encoura- « geons ceux-ci, quand surtout ils sont dans la « route de la vérité. » (P. 255.)

Constatons, en terminant ces aperçus, que la syphilis, comme d'autres branches de la médecine, a subi en France, en Angleterre, en Allemagne, en Espagne et en Portugal, les péripéties des doctrines, des idées régnantes.

Chez nous, pendant un grand nombre d'années, l'enseignement du Midi, plus que sévère pour l'école physiologique, a régné sans conteste après elle ; puis, la doctrine de l'induration comme criterium de l'infection, a oscillé sur sa base.

Sa valeur contestable, négative même a été soulevée par les partisans les plus ardents de son propagateur. Aujourd'hui, combien de questions divisent encore les syphiliographes et les élèves du maître :

L'unité du virus ;

La valeur symptomatique du chancre induré ;

L'unité de la diathèse ;

L'immunité possible après un certain nombre d'inoculations ;

La transmission des accidents secondaires ;

La durée précise du traitement mercuriel.

Ne sont-ce pas là autant de problèmes indécis à résoudre, et qui divisent les syphiliographes de Paris, de Lyon, de Bordeaux et des pays étrangers ?

Ces nombreux travaux, des leçons faites en public au Val-de-Grâce et rue Larrey sur les maladies vénériennes, leçons auxquelles se pressait un concours imposant de médecins français et étrangers, de maîtres et d'élèves, d'hommes distingués dans tous les genres, contribuèrent à rallier aux idées de la nouvelle école un cortége nombreux d'approbateurs : des essais répétés dans les hopitaux de Suède, dans cet ordre d'idées, lui avaient rallié de si nombreux partisans, que le Conseil ds santé de Suède s'était empressé non-seulement d'admettre

Desruelles dans ses rangs, mais il avait mis ses travaux sous les yeux du Roi. Celui-ci récompensa le médecin français en lui envoyant une médaille d'or avec cette exergue : *Illis quorum meruêre labores.* Le professeur du Val-de-Grâce reçevait de toutes parts des marques de distinction et d'honorabilité; il devint ainsi successivement membre de la Société médicale d'émulation de Paris, membre correspondant des Sociétés des sciences et arts de Lille, des Sociétés des sciences médicales de Metz, Strasbourg et Rennes et des Académies de médecine et de chirurgie de Madrid, de Saint-Pétersbourg, de Copenhague, de Stockolm, de Bruxelles et d'Anvers.

Il avait été nommé chevalier de la Légion d'honneur en 1833 pour ses services. Ce fut la seule distinction dont l'honora son pays.

Ces distinctions méritées étaient-elles les seules que pouvait revendiquer une vie si bien remplie?

Desruelles exerça toujours son art avec bonne foi ; il ne voulut d'autre réputation que celle que pouvait lui donner son mérite et dédaigna l'intrigue, la basse complaisance et la flatterie ; indépendant par caractère, il ne sut jamais, dans sa carrière militaire, comme professeur et comme juge dans les examens et les concours, que récompenser le mérite. Il apprit ce qu'il en coûte. On lui fit payer cher l'avantage d'être sincère et indépendant. A la suite d'un concours où l'on attribua à sa voix plus de prépondérance qu'elle n'en avait peut-être, il ne tarda pas à éprouver les désastreux effets de ne pas savoir être complaisant. Sa position allait être bouleversée.

Le 1ᵉʳ avril 1842, il reçoit tout à coup sa nomination de chirurgien principal à l'Hôpital militaire de Cambrai. Cette nomination à un poste élevé, qu'il n'avait pas recherchée, qu'il ne désirait pas, puisque pour rester à Paris il avait renoncé à l'avancement, cette nomination était un coup de foudre : quitter un hôpital d'instruction où depuis 1825 il avait conquis sa réputation, pour un hôpital secondaire ; quitter Paris, une clientèle qui l'estimait, où il commençait à recueillir les fruits de ses nombreux et longs travaux qu'il ne pouvait poursuivre qu'au milieu des ressources de la capitale ; c'était une disgrâce, déguisée sous le prétexte de la hiérarchie militaire, dont il lui était d'ailleurs possible d'entrevoir la cause et l'origine.

En vain il déclara renoncer à tout avancement et demanda son maintien au Val-de-Grâce. Il n'obtint qu'un délai, et pendant ce délai il fut chargé de l'inspection des camps autour de Paris ; en vain, il passa des journées entières à ce service extraordinaire ; en vain, il demanda un congé de convalescence ; en vain il endura tous les atermoiements, tous les froissements les plus amers d'anciens camarades forcés d'exécuter les volontés supérieures. Il reçut l'ordre formel de rejoindre son nouveau poste.

Il préféra sacrifier sa vie militaire et demanda sa retraite. Malgré les instances de ses amis, de ses confrères, de généraux, il se retira non sans amertume, il faut bien l'avouer; sa carrière militaire était finie avant le temps, 3 janvier 1843.

Ce fut le commencement de ses chagrins, de sa réclusion. Désormais il n'appartient plus qu'à la vie privée : là, encore, il va nous offrir quelque intérêt, car elle fut mêlée, comme toutes les existences humaines, de biens et de maux.

Comme homme Desruelles était, au premier moment, d'un abord froid, réservé. Mais sa physionomie aimable, spirituelle, animée d'un fin sourire, attirait à lui. Il était bon, quoique vif, impatient même quand il trouvait la contradiction à ses idées. Plein d'aménité dans ses relations avec le monde, d'abandon avec ses camarades, dévoué à ses maîtres et à ses élèves, animé d'un profond sentiment de justice : tout ce qui offensait la vérité, l'honneur, la droiture, le froissait.

Personne ne sentait plus vivement, bien que sa parole fût sévère : la sensibilité de son cœur avait même quelque chose de la délicate et chatouilleuse sentimentalité de la femme. Etait-ce un don maternel? Son visage témoignait avec une mobilité et une altération surprenante de ce qui se passait en lui.

Comme homme de science il avait cruellement senti la disgrâce qui fut imposée à sa carrière ; son cœur de père quelques années plus tard était douloureusement frappé ! En 1845, il perdait tout à coup son fils aîné, interne brillant des hôpitaux de Paris, au moment où il finissait ses études, au moment où il

entrevoyait déjà en lui le compagnon et le continua-
teur intelligent de ses travaux.

Sa douleur fut poignante : ces deux coups si diffé-
rents à peu de distance l'un de l'autre, avaient
brisé cette âme si peu faite pour la souffrance ! Il
aurait tout quitté, écrits, profession, travail, s'il
n'avait trouvé des sympathies inlassables dans le
digne fils de celui qui avait été son protecteur et
qui voulait être son ami, dans l'amitié solide et
philosophique d'un de ses maîtres au Val-de-Grâce,
de son chef et son ami Gama, éprouvé, comme lui,
dans celle de quelques amis.

Par un heureux et salutaire retour, Desruelles
avait su concilier deux dispositions qui ne s'allient
qu'exceptionnellement chez l'homme (et dont le
médecin plus que tout autre, peut-être, présente
l'assemblage). Le travail de cabinet et le com-
merce des lettres et du monde. Jeune encore, au
début de sa carrière médicale, il avait appris dans
la société d'une femme non moins remarquable par
son esprit, son instruction, que par ses bonnes
manières, qu'il est de bon goût de pouvoir associer
la littérature à la science ; l'enjouement, la causerie
à l'observation, à la méditation. Dans la fréquen-
tation assidue et fortifiante de son salon, au contact
d'hommes de mérite, il avait trouvé les germes de
ces appréciations fines, de ces saillies pleines d'à-
propos, de délicatesse qui, parfois, donnaient un
charme réel à sa conversation. Il avait une façon
vive et légère à la fois d'expliquer, de raconter des

choses ardues ou hasardeuses qui plaisait, qui donnait à son langage cette animation si dessinée chez nos pères, et qui reflétait la gaieté franche et gauloise de Béranger et du Caveau. .

Jeune, il avait rimé, chanté ses maîtres, ses amis, ses camarades ; dans l'âge mûr, le poëte des jeunes années, aimable encore, mais plus philosophe, se réveille soudain : toute idée élevée, tout sentiment généreux ranimait ce cœur et cet esprit doublement éprouvés. Il resta dans la retraite avec tous ses goûts, conservant un zèle infatigable, un goût ardent pour l'étude.

Le temps d'acquérir par l'intelligence ne fut jamais passé pour cet esprit incapable de repos. On pouvait dire de lui que l'unique délassement qu'il se permît, c'était de varier ses occupations : il ne comprit jamais les voyages ; les arts n'avaient su distraire cet esprit abstrait et studieux.

Sa facilité naturelle va nous être révélée dans quelques essais littéraires, essais à la fois légers et sérieux que nous nous risquons à mettre au jour, malgré l'obscurité pour laquelle ils étaient nés. Les sentiments, les idées qui les ont inspirés adouciront la sécheresse et la sévérité de notre récit : elles montreront en même temps, mieux que toutes les paroles, l'imagination vive, féconde, l'esprit fin, pénétrant, enjoué de l'homme avec lequel on se rappelle les moments passés dans l'intimité comme un repos fortifiant et bienfaisant. Nous verrons que son esprit ne faisait point tort à son cœur.

L'ECHELLE ET LE PASSANT.

Un sage m'a conté cette fable nouvelle
Où certains orgueilleux pourront voir leur portraits.
   Contre le mur d'un gothique palais
   Etait dressée une assez longue échelle :
A recrépir le mur des maçons travaillaient;
Vaincus par la fatigue un jour, ils sommeillaient,
Prenant des grands seigneurs le ton et l'importance,
Les échelons d'en haut aux échelons d'en bas
Disaient : de vous à nous mesurez la distance ;
A vos supérieurs ne vous comparez pas,
Et si vous éleviez jusqu'à nous la parole
     Rappelez-vous un peu
Quels noms vous nous donnez, vous étiez de bas lieux !
De bas lieux ?... De la cour, oui c'est le protocole,
   Et vous savez parfaitement
   Comment on parle insolemment :
Disent les échelons d'en bas. Vos Excellences,
Ou si vous l'aimez mieux : vos Eminences
Ne songent pas que faits dans le même chantier
Et tous du même bois, par le même ouvrier,
L'un ne peut être noble et l'autre roturier.
Puisque de tous l'origine est commune,
Soyez moins fiers d'un jeu de l'aveugle fortune.
Aveugle ? S'écria le plus haut échelon.
La fortune y voit clair et notre rang le prouve.
Un passant voit l'échelle, et boiteuse il la trouve,
   Il la retourne et la voilà d'aplomb.
   Son action termine la querelle,
   Les échelons d'en bas se trouvent élevés
   Et ceux d'en haut sont voisins des pavés.
   O grands, ne soyez pas d'une insolence telle
     Qu'elle provoque des revers,

Pourquoi vous proclamer maîtres de l'univers,
La fortune en passant peut retourner l'échelle.

Ne vous semble-t-il pas entendre dans ces vers et
ces pensées simplement exprimées, notre bon fabu-
liste.

Je blâme ici plus de gens qu'on ne pense :
Tout babillard, tout censeur, tout pédant
Se peut connaître au discours que j'avance.

. . . .

(*L'enfant et le maître d'école*).

Il ne fait pas moins preuve de finesse et de cœur
dans la pièce suivante adressée à son petit-fils qu'il
couvait de sa sollicitude de grand-père :

LA PLANTE NOUVELLE.

Depuis un mois une plante nouvelle
Est née et croît dans mon jardin :
Je la vois plus forte et plus belle
Quand je descends chaque matin.
Sous mon ombrage tutélaire
A l'abri de l'orage et des vents
Il sera pour moi, j'espère,
Le doux espoir de mes vieux ans.

J'éloignerai du voisinage
De ce tendre et frêle arbrisseau
Ce qui ternirait son feuillage,
Gênerait son moindre rameau.
J'arracherai l'herbe vorace
Couverte d'êtres malfaisants,

3

Pour ne point altérer sa race
Et l'avoir pure dans mes vieux ans.

Quand viendra la nouvelle feuillée
Reverdir les plants d'alentour,
Alors, sa nouvelle poussée
Me promettra des fruits d'amour.
Avec quel plaisir, quelle constance
Je verrai ses boutons naissans
Etre pour mon cœur l'espérance
Du vrai bonheur de mes vieux ans.

Hélas, quand une pensée sombre
Bouleversera mes doux moments,
Je viendrai chercher sous ton ombre
L'oubli des maux de mes vieux ans.

Espérance évanouie ! déception doublement cruelle !
la jeune plante a séché ! les vieux ans n'ont pas
lui.

LES AVANTAGES DE LA VIEILLESSE

N'ont pas moins heureusement inspiré la verve de
cet esprit délicat et gracieux.

Qu'on est heureux dans la vieillesse !
Tout est bonheur, tout est plaisir :
On nous choie et l'on nous caresse,
On comble nos moindres désirs.
Place au foyer, place à la table,
Morceaux choisis, vins délicats,
Tout est pour nous, et femme aimable
Ne nous voile plus ses appas.

Nos faibles yeux dans un nuage
Confondent tout. L'objet aimé
Du temps n'a pas subi l'outrage,
Son teint est blanc et animé,
Sa peau sans rides et son sourire,
Quoiqu'il grimace, est enchanteur.
De mauvais yeux tel est l'empire
Que devant lui fuit... la laideur.

L'oreille est dure. Oh l'avantage
D'entendre peu ce que l'on dit !
D'un sot diseur le caquetage
N'est plus pour nous qu'un simple bruit.
On parle peu : mais mieux l'on pense,
Dans ses discours on est discret,
Sage, on apprend que le silence
D'un esprit droit est le secret.

Les dents s'en vont de notre bouche,
Nous marchons mal et lentement ;
Bientôt le nez au menton touche,
Ce qui n'est pas un agrément.
Ce vide de notre mâchoire
Ne peut affliger que les sots
Car nous pouvons en dents d'ivoire
Transformer tous nos vieux chicots.

Torse voûté, tête branlante,
Nos pas sont lourds, mal assurés.
Notre démarche chancelante
Montre nos ans accumulés.
Eh bien, quand nos jambes flageollent
Femmes au cœur compatissant,
Sont nos soutiens et nous cajolent.
Qu'on est heureux d'être impotent !

Invité dans son jeune âge à une société dite *les Joyeux*, et sollicité de chanter, il composa cette chanson :

Joyeux amis que le plaisir rassemble,
Vous m'invitez à vos festins charmants,
Je dois payer mon écot, ce me semble...
Quoi ! vous voulez que ce soit par des chants.
Cent fois ma muse inféconde et débile
Du Dieu des vers a méconnu l'accent :
Depuis vingt ans que je la crois nubile, ⎱
Je la caresse et n'en ai pas d'enfant. ⎰ *(bis.)*

J'ai, plein d'espoir, des vapeurs du champagne
Enveloppé son esprit paresseux ;
Je l'ai grisée avec des vins d'Espagne ;
Mais sa froideur en amortit les feux.
Ses pas sont lourds, sa parole vacille,
Elle chancelle et tombe en s'endormant.
Depuis vingt ans, etc.

Dans nos vallons au verdoyant feuillage,
Je l'ai conduite au bord d'un clair ruisseau,
Elle écoutait des oiseaux le ramage
Et des bergers le tendre chalumeau ;
Bouche béante, œil hagard, immobile,
Elle est restée insensible au printemps :
Depuis vingt ans, etc.

J'en eus pitié, je la croyais malade,
Triste, rêveuse, atteinte de langueur ;
Ma pauvre muse, avale la rasade
Que te prescrit notre aimable Docteur,
Aimant la vie, à l'Esculape habile
L'heureux enfant, échappe en bondissant.
Depuis vingt ans, etc.

Je l'ai traînée, après maintes bataille,
Sur les débris de trônes culbutés ;
Pendant l'émeute, après des funérailles
Elle a pu voir l'abus des libertés !
La douce paix, la discorde civile,
Notre drapeau... n'échauffent pas son sang.
Depuis vingt ans, etc.

Mais ô miracle ! à l'espoir de l'entendre
Je puis livrer mon esprit et mes vœux ;
Sa voix s'élève, elle me fait comprendre
Qu'elle est heureuse au milieu des *Joyeux*,
Auprès de vous, éprouvant sa faconde
Son cœur se plaît aux doux épanchements :
Et grâce à vous elle devient féconde, ⎫ *(bis.)*
Je la caresse, et j'en ai des enfants. ⎭

La société des *Joyeux* goûta cette chanson et vota
d'acclamation son impression (12 septembre 1834).
Nous verrons à la fin de ce récit, qu'en dehors de ces
souvenirs poétiques, écrits au courant de l'inspira-
tion, Desruelles avait malheureusement conçu de
plus vastes projets : une comédie qui ne comprenait
pas moins de 1,800 vers.

Mais le travail a sa mesure comme l'intelligence :
des travaux si nouveaux dans un âge où la verdeur
des idées ne marche plus d'un pas égal avec le refroidissement de la conception, de l'invention, de-
vaient éprouver un cerveau dont les fatigues et l'activité antérieure demandaient plus de ménagement.
Les sollicitations furent vaines dans la modération :
cette nature ardente, trompée dans bien des espé-

rances, avait besoin de distraction : elle n'en trouvait que dans l'étude.

Nos craintes, n'étaient que trop fondées. En septembre 1857, Desruelles partait pour Lyon : il allait rejoindre à Chazay-d'Azergues, un de ses vieux confrères et amis, médecin philosophe qui avait voué comme lui toute sa vie à l'étude : dans leur mutuel épanchement, tous deux se redisaient leurs derniers travaux. Desruelles lisait à son ami une comédie de 1,800 vers qu'il venait de composer, quand tout à coup il tombe à ses côtés frappé de paralysie ! Les soins empressés et intelligents du Dr Piérou de Chazay-d'Azergues, dont une amitié reconnaissante nous a permis d'apprécier l'excellent cœur et les lumières, surent rendre l'usage des membres à cette organisation robuste encore. Mais Desruelles resta frappé dans son apanage le plus précieux : la parole ! Comme si la destinée avait voulu lui reprocher son imprudente obstination au bien ! il reprit la connaissance, mais non la faculté de parler et d'écrire. Il vécut ainsi huit mois dans sa retraite favorite, se survivant à lui-même. Le 8 mai 1858, des accidents cérébraux aigus mettaient fin à cette torture morale !

Desruelles s'est éteint inaperçu, sans une parole de regrets, sans un hommage rendu à tant d'efforts ! La plupart de ses camarades l'avaient précédé dans la tombe ; d'autres, qu'il avait laissés, se sont abstenus, ou ne se sont plus souvenus !

Si nous n'avons pas craint de semer le récit de

ses travaux de critiques et d'appréciations méritées,
c'est que deux guides, dans notre insuffisance, nous
ont paru nécessaires pour faire accepter cet essai : la
vérité et l'impartialité ; c'est que nous avons pensé
qu'écrire la vie d'un homme n'était pas faire son
éloge perpétuel ou quand même, mais qu'avant tout,
c'était de dire à ceux qui l'ont connu comme à ceux
qui sont venus après lui, ce qu'il a été, ce qu'il a
fait, les opinions qu'il a soutenues, pour en tirer des
instructions.

Si nous sommes venu si tardivement rendre un
pieux hommage à une existence qui méritait d'être
arrachée à l'oubli, c'est que nous attendions que des
voix plus autorisées que la nôtre prêtassent leur
influence à son souvenir.

Sollicité par l'appel de la Société des sciences et
arts de Lille, soutenu par les encouragements d'un
de nos savants maîtres qui a porté si dignement un
nom déjà fameux dans la chirurgie militaire, le baron
Hip. Larrey, j'aurais cru, comme fils inconnu d'un
si studieux père, manquer au devoir filial, au respect
du nom, en ne rappelant pas cette mémoire qui vit
encore dans le cœur de quelques amis fidèles, de ce
nom dont j'ai recueilli, à certaines heures de ma carrière, la puissante tradition ! C'est à ces amis, c'est
à ces maîtres qui m'ont couvert ou protégé de leurs
sympathies que j'adresse avec confiance ce témoi-
gnage de la piété filiale, comme expression de recon-
naissance et d'amitié.

C'est aussi à cette jeunesse studieuse médicale,

inquiète de ses débuts dans la carrière, que je propose comme exemple, comme encouragement, cette vie de lutte, de devoirs accomplis, de succès sérieux, non bruyante, du médecin.

C'est sous le patronage de cette imposante phalange de travailleurs, d'écrivains, *illis quorum meruêre labores* que je remets cet héritage précieux du travail de l'étude, l'étude, ce plaisir vrai dont la science est en nous, dit Lebrun, où l'on trouve, sans déception, la douce et consolante philosophie que procure la culture des lettres :

> Qui suit l'homme en dépit des destins inconstants,
> A tout âge, en tous lieux et dans tous les instants,
> L'étude, plaisir vrai, dont la science est en nous,
> L'étude, heureux trésor, et qui les remplace tous.

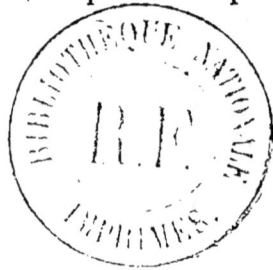

Paris. —Typ. A. Parent, rue Monsieur-le-Prince, 31.